人気オーガニック料理教室でママと子どもたちが
支持した簡単＆安心レシピを一〇

みんなで食べたい
時短おやつ

菅野のな

辰巳出版

神奈川県川崎市の武蔵小杉を中心にオーガニック
料理教室をはじめて14年目となりました。「毎日の
ごはんから私のしあわせを見つける。」という理念
のもと、常備菜や献立、発酵食のこと、日本の食の
歴史から郷土料理、子ども向けのクラス、卵・乳製
品を使用しないおやつ教室まで多岐に渡るクラス
を開講しています。

本書に収録されているのは、おやつ教室で大人気
のおやつ。素材を生かしたシンプルで安心・安全な
おやつを日々開発していたら、いつのまにか卵・乳
製品を使わない時短レシピにたどりつきました。

半数は小麦も不使用になっており、ほぼ全てのレシ
ピが作業時間20分以内になっています。その結果、
育児に仕事に忙しいママや自然派ママ、お子さんの
アレルギーに悩んでいるママはもちろん、アレルギ
ーのある方、おやつを作りたい小学生や、素朴なお
やつを食べたい大人までたくさんの方に作っていた
だくようになりました。

おやつは「楽しみ」であることはもちろん、毎日の
ごはんを補う「補食」でもありますね。全ての収録
レシピは管理栄養士である母とともに、手に入りや
すく子どもに食べさせたい食材を使って開発しまし
た。

今回再刊にあたり、タイトルが「みんなで食べたい
時短おやつ」となりました。本書をきっかけにお気
に入りの定番おやつが生まれ、手作りのハードルが
下がり、おいしく、たのしい時間が増える。そんな「は
じまり」になれば本当にうれしいです。

菅野のな

Contents

※以後のレシピページに表記される作業時間の目安には、その他の時間（オーブンの焼き時間など）は含まれません。

Cake & Cookie

Part **1** **Recipe**

ケーキ＆クッキー

バナナケーキ

10
min

バナナの甘さを生かした、教室人気ナンバーワンメニュー。
工程もシンプルで、はじめてのおやつづくりにもおすすめ。
熟れて柔らかくなったバナナを使うと、甘みと栄養価がアップします。

Recipe

材料(パウンド型 小1個分[15×6.5×5cm])

バナナ…小2本（約150g）
薄力粉…100g
ベーキングパウダー…小さじ2
菜種サラダ油…大さじ3
きび糖…大さじ2

つくりかた

1　オーブンを180℃に予熱しておきます。

2　バナナをフォークの背でかたまりがなくなるまでつぶします A 。

3　別のボウルで薄力粉とベーキングパウダーをよく混ぜます B 。

4　2にきび糖を加えてよく混ぜ、菜種サラダ油を加えてさらによく混ぜます C 。

5　4に3を加えてざっくりと混ぜ D 、粉っぽさが残っているくらいの状態になったら型に入れ、平らにならしオーブンで25分ほど焼きます。

User's
Voice

1歳の息子のおやつ用に砂糖なしでつくりましたが、ほんのりとした甘さで十分満足。

焼くまで10分かからないくらい簡単なのに味は本格的で、娘はペロリと食べていました。

りんごケーキ

10 min

整腸作用があるといわれるりんごがたっぷり入ったケーキです。
材料を切って混ぜて飾るだけなので、焼くまでに10分かかりません。
シナモンが効いていて、おもてなしにもぴったりです。

Recipe

材料 (パウンド型 小1個分[15×6.5×5cm])

りんご…小1個（約160g）
100％りんごジュース…50cc
菜種サラダ油…大さじ2

☆
- 薄力粉…100g
- きび糖…大さじ2
- ベーキングパウダー …小さじ2
- シナモンパウダー …小さじ1/2
- 塩…ひとつまみ

つくりかた

1 オーブンを180℃に予熱しておきます。

2 りんごを8等分のくし形に切り A 、皮をむきます。芯を取り除いた後、1片を除いて薄くイチョウ切りにし、残した1片は飾り用に縦長に薄切りします B 。

3 ボウルに☆の材料を入れて軽く混ぜます。飾り用以外のりんごを加えて混ぜ、さらに100％りんごジュースを加えて混ぜたら、最後に菜種サラダ油を加えてざっくりと混ぜます C 。

4 3を型に入れて平らにならし、飾り用のりんごを上にのせます D 。

5 型をオーブンに入れ、25分ほど焼きます。

User's Voice

りんごがたっぷり入っていて、とてもおいしかったです。シナモンの風味もいいですね。

さわやかなりんごの甘みが気に入っています。子どもたちも大好きです。

基本の型抜きクッキー

10 min 🕐

粉ふるいや泡立て器を使わずにつくれるシンプルなクッキーです。
型抜きは2歳以上になれば十分楽しめるので、
李節に合わせたいろいろな型を用意して、お子さんと一緒につくってみましょう。

Recipe ....

材料 （直径3cmの丸型で12個分）

```
┌ 薄力粉…60g
│ 白煎りごま…小さじ1
☆ メープルシロップ…小さじ2
│ 菜種サラダ油
└   …大さじ1と1/2
水…小さじ1
```

つくりかた

1 オーブンを180℃に予熱しておきます。天板サイズに切ったオーブンシートも用意します。

2 ボウルに☆の材料を入れ、指の先を使ってよく混ぜます。粉と油がなじんでそぼろ状になったら、水を加えてひとまとめにします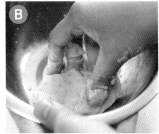。

3 2を台にのせ、麺棒で3mmぐらいの厚さにのばします。

4 のばした生地をお好みの型で抜き、ようじでボタンや目、飾りなどの模様をお好みでつけます。残りの生地は同様にのばし、また型で抜いていきます。

5 天板にオーブンシートを敷いて生地をのせ、オーブンで15分ほど焼きます。

User's Voice

めちゃくちゃ早くできて驚き。素朴で軽い味わいにパクパク手が止まりませんでした。

計量以外は長男がつくってくれました。材料やつくりかたがシンプルなのもいいですね。

黒ごまきな粉クッキー

8 min

子どもにも人気の和風クッキー。きな粉の原料の大豆は「畑の肉」と呼ばれ、タンパク質をはじめ、脂質、糖質、食物繊維、鉄、カルシウム、ビタミンB₁、B₂などがバランスよく含まれています。

Recipe

材料 (9個分)

- 薄力粉…40g
- きび糖…小さじ2
- ☆ 黒すりごま…小さじ2
- きな粉…大さじ1強
- 塩…ひとつまみ

菜種サラダ油…大さじ1
水…大さじ1

つくりかた

1 オーブンを180℃に予熱しておきます。天板サイズに切ったオーブンシートも用意します。

2 ボウルに☆の材料を入れ、よく混ぜます🅐。

3 2に菜種サラダ油を加えて指の先を使ってよく混ぜ、粉と油がなじんでそぼろ状になったら🅑、水を加えてひとまとめにします🅒。

4 3を3cm角の四角い棒状に整えます(長さ8cmほど)🅓。まな板に横長に置き、1回ごとに下になる面を変えながら9等分に切り分けます(下になる面を変えたほうがつぶれずにきれいに切れます)。

5 天板にオーブンシートを敷いて生地をのせ、オーブンで20分ほど焼きます。

User's Voice

年中の娘とつくりました。楽しかったようでまた一緒につくりたいと言ってくれました。

一緒につくった息子が「僕がつくったおやつ!」と嬉しそうに食べていました。

オートミールクッキー

15 min

ざくざくとした歯ごたえが楽しめるクッキー。オートミールは、からす麦を蒸して
つぶして乾燥させたもので、ビタミンB群、ミネラル、食物繊維が豊富。
心身のリラックス効果もあるといわれています。

Recipe ···

材料 (8個分)

オートミール…大さじ 5 強
薄力粉…大さじ 2
きび糖…小さじ 2
菜種サラダ油…大さじ 1 と 1/3
アーモンド ┐
くるみ   ├…合わせて大さじ 2
松の実   ┘
白煎りごま…小さじ 1
水…大さじ 1 と 1/3

つくりかた

1 オーブンを170℃に予熱しておきます。天板サイズに
切ったオーブンシートも用意します。

2 ナッツ類は、から煎りし Ⓐ、袋に入れて、麺棒で袋
の上から叩いて砕きます。オートミールは手でもんで
砕きます。

3 ボウルにオートミール、薄力粉、きび糖を入れよく混
ぜます。

4 3に菜種サラダ油を加えて、スプーンでそぼろ状にな
るまで混ぜたら、ナッツ類と白煎りごま、水を加えて
ざっくりと混ぜます Ⓑ。

5 天板にオーブンシートを敷いて、4をスプーンでオー
ブンシートに8等分に落としてかたちを整え Ⓒ、オー
ブンで20分ほど焼きます。

User's
Voice

甘いオートミールクッキ
ーに慣れていましたが、
このシンプルな味も好き
です。

思ったよりも簡単につく
れておいしかったです。
子どもも喜んで食べてく
れました。

おからクッキー

10 min

栄養価の高いおからを料理よりも手軽に食べられます。
保存性が高く便利なおからパウダーですが、余りがちな食材でもあります。
料理での使い切りに悩んだ時はぜひクッキーに。

Recipe

材料 (24個分)

☆
- 薄力粉…25g
- おからパウダー…25g
- ベーキングパウダー
  …小さじ1/4
- 塩…ひとつまみ
- きび糖…小さじ2

菜種サラダ油…大さじ2弱
レーズン…大さじ1
水…大さじ1と1/2

つくりかた

1 オーブンを170℃に予熱しておきます。天板サイズに切ったオーブンシートも用意します。

2 レーズンはお湯で洗ってふやかし、しっかりと水気を拭いて細かく刻んでおきます Ⓐ。

3 ボウルに☆の材料を入れてよく混ぜます。

4 3に菜種サラダ油を加えて指の先を使ってよく混ぜます。粉と油がなじんでそぼろ状になったら Ⓑ、水を加えてさらによく混ぜた後、レーズンも加えてひとまとめにします Ⓒ（まとまりにくい時は、菜種サラダ油を手につけてまとめます）。

5 手のひらで生地を押しながら、8×12cmほどの長方形をつくります（厚さは7mmほど）。生地を2cm角に包丁で切り分け Ⓓ、かたちを整えます。

6 天板に生地をのせ、オーブンで15分ほど焼きます。

User's Voice

栄養満点のおやつが簡単につくれて嬉しいです。幼児でも自分で手に持って食べられます。

レーズンの甘味がたまりません。料理だとおからを食べない子どもたちにも好評です。

Column

卵・乳製品を使わない
時短おやつの3つのポイント

研究を重ねて開発した本書のレシピには、大きく3つのポイントがあります。
さらにおいしく楽につくれるように、各ポイントを解説します。

\Point/ 1　卵・乳製品を使わずにおやつをつくれる理由

卵・乳製品を使わずにおいしいおやつをつくれるというと、驚かれる方も多いです。一般的なおやつで卵・乳製品が果たしている役割（風味や食感などを出すこと）を、本書のレシピでは別の食材が担っています。

バナナケーキでは、バナナが風味、うま味、しっとり感、甘味の要に。基本の型抜きクッキーでは、メープルシロップが香りと風味と甘味、白煎りごまが風味と食感の要に。塩麹クラッカーでは、塩麹が風味、うま味、塩味の要に。バナナスコーンでは、レーズンが風味、甘味の要になっています。

レシピの材料のひとつひとつが機能するように考えられているため、大幅なアレンジを加えると失敗してしまうこともあるかもしれません。

最初はできればアレンジなしで、計量を正確にしてつくることをおすすめします。

レシピに慣れてきたらアレンジも楽しんでみてください。

おうちのオーブンで焼き上がりに時間がかかる場合、10℃上げてみるなどの調整をしてください。

\Point/ 2　素材の味が前面に出るレシピ

本書のおやつは無駄を削ぎ落としたシンプルなレシピで、素材の味が前面に出るレシピとも言えます。オーガニック食品店やインターネットなどで、ちょっと良い食材を購入するだけでも、味の変化が実感できるはずです。

いきなり全部を厳選するのは難しいと思うので、まずは薄力粉などの粉ものからこだわって選ぶのがおすすめです。次いで野菜を選ぶと、さらにおいしくつくれます。

\Point/ 3　おやつづくりをさらに楽にする工夫

本書には野菜を蒸す工程がよく出てきます。じゃがいも、さつまいも、かぼちゃ、人参などをおやつのためだけに少量蒸していると、時短レシピとはいえ効率が悪いと感じるかもしれません。

おやつとごはんを分けて考えずに、晩ごはん用や常備菜用とまとめて蒸すようにするのが、手間が省けておすすめです。段取り力とともに調理スキルもアップしていきます。

すると、時間と余力が生まれ、忙しい日々の中でも新しいことにチャレンジする気持ちが湧いてきます。ぜひ、おやつとごはんは工程をセットにできないか考えてみてください。

Rice Flour Sweets

Part **2** Recipe

米粉のおやつ

米粉のガトーショコラ

刻んだレーズンがアクセントになっているガトーショコラは、
教室でも人気のメニュー。米粉を使っているので小麦粉も不使用。
バナナケーキと並び、はじめてのおやつづくりにもおすすめです。

Recipe ·······································

材料 (ミニパウンド型2個分 [8×3×3.5cm])

- ┌ 米粉…50g
- │ ベーキングパウダー
- ☆ …小さじ 2/3
- │ 純ココア…大さじ 1 と 1/2
- └ 塩…ひとつまみ
- くるみ…5g
- レーズン…小さじ 1
- 菜種サラダ油
  …大さじ 1 と 1/2
- メープルシロップ…大さじ 1
- 水…60ml

つくりかた

1　オーブンを170℃に予熱しておきます。

2　くるみをフライパンで軽く煎って刻みます。レーズンはお湯で洗ってふやかし、しっかりと水気を拭いて細かく刻んでおきます。

3　☆の材料をボウルに入れてよく混ぜます。

4　3にメープルシロップを加えてゴムベラで軽く混ぜます。さらに菜種サラダ油を加えて混ぜ、最後に水を加えて混ぜます。

5　4にくるみとレーズンを加えてひとまとめにします。

6　5を型に入れたら、10cmほど持ち上げて落として空気を抜き、オーブンで20分ほど焼きます。

User's
Voice

パウンドケーキと似たつくりかたですが、トロトロしっとりな生地でおいしかったです。

米粉でガトーショコラがつくれるなんて！ とわくわくした一品です。

米粉と豆腐のパンケーキ

もちもちとした食感が楽しめる、豆腐たっぷりのパンケーキです。
材料を混ぜて焼くだけのシンプルさもポイント。
消化がよく、長寿食ともいわれる豆腐は、おやつにも取り入れたい食材です。

Recipe ···

材料 (4枚分)

米粉…50g
ベーキングパウダー
　…小さじ 1/2
絹ごし豆腐…100g
菜種サラダ油…小さじ 2
メープルシロップ…小さじ 1 強
水…60ml

つくりかた

1　ボウルに絹ごし豆腐を入れ、泡立て器でなめらかにし、菜種サラダ油を加えて混ぜます🅐。

2　1にメープルシロップ、水を加えてよく混ぜます🅑。

3　別のボウルに米粉とベーキングパウダーを入れてよく混ぜ、2に加えます。泡立て器で、だまがほぼなくなるまでよく混ぜます🅒。

4　フライパンに油（分量外）を入れて熱し、キッチンペーパーで余分な油は拭き取ります。3をおたま1杯分ずつ丸く広げ、中火で5分ほど焼きます。裏返してさらに5分ほど焼きます🅓。ジャムやメープルシロップ（分量外）をお好みでかけます。

User's
Voice

小さめですが食べ応え十分でした。食事としても使えるので助かっています。

焼くのだけ手伝って、あとは4歳の子どもがつくりました。簡単でおいしいです。

米粉の焼きドーナツ

混ぜて焼くだけでできる揚げないドーナツです。
油をたっぷり使って揚げる普通のドーナツとは違った、
どこか懐かしい味ともちもちとした食感に、ハマってしまう方が多い一品です。

Recipe ....

材料 (直径 7.5 cm のドーナッツ型 6 個分)

米粉…75g

ベーキングパウダー…小さじ1

絹ごし豆腐…150g

きな粉…大さじ4

レーズン…大さじ1

メープルシロップ
　…大さじ1と1/2

菜種サラダ油
　…大さじ1と1/2

塩…ふたつまみ

つくりかた

1　オーブンを180℃に予熱しておきます。

2　レーズンはお湯で洗ってふやかし、しっかりと水気を拭いて細かく刻んでおきます。

3　絹ごし豆腐、メープルシロップ、菜種サラダ油をボウルに入れて混ぜます。

4　残りの全ての材料もボウルに入れて、なめらかになるまで混ぜます B。

5　ドーナツ型を、油 (分量外) を含ませたキッチンペーパーで拭きます。生地を6等分して型に入れ、表面を平らにします C。

6　オーブンで20分ほど焼きます。

User's Voice

思い立ったらすぐできるのがいいですね。揚げない分、ヘルシーなのも気に入っています。

3歳の子どもと一緒につくりました。小麦粉とは違った食感がおいしかったです。

3 種の米粉タルト

アーモンドプードルが入った米粉タルトは、おもてなしにも活躍してくれます。
初心者には少し工程が複雑なものもありますが、
具のアレンジの幅も広いのでぜひ挑戦してほしいです。

3種の米粉タルト

Recipe ·····················

3種共通の材料

(ミニタルトボート型3個分 [4.5×10×1.5cm])

米粉…10g

アーモンドプードル…20g

メープルシロップ…小さじ1強

塩…ひとつまみ

つくりかた

1　ボウルに全ての材料を入れ、全体がひとまとまりになるまでよく練り混ぜます（最初はポロポロしますが、アーモンドプードルの油分でまとまります）。

2　1を3等分し、ラップを敷いた台の上で、麺棒で約2mmの薄さにのばします。

3　タルト型に油（分量外）を少々塗り、2をラップごとひっくり返して、型に合わせ敷き詰めて余分なところは切ります。

4　予熱なしのオーブンで、180℃で10分ほど焼きます。

5　粗熱をとり、タルト型から生地をはずします。

User's
Voice

タルト生地も小麦粉を使わないでできるのが良いと思いました。

このタルト生地はヒットです。バターも油も使っていないのにすごくおいしい。

お好みフルーツタルト

材料

100％りんごジュース…100ml

粉寒天…小さじ1/3強

お好みのフルーツ…適量

メープルシロップ…小さじ2

レモン汁…小さじ1

ミント…適量

パンプキンタルト

材料

かぼちゃ…80g

塩…ひとつまみ

じゃがいもと野菜のタルト

材料

じゃがいも…中1個半

塩…ふたつまみ

お好みの野菜…適量

6 お好みのフルーツ（写真はぶどう、なし、河内晩柑）を小
　さく切って、バットに入れてレモン汁（柑橘系のフルーツの
　場合は不要）とメープルシロップをかけます。

7 小鍋に100％りんごジュースと粉寒天を入れ中火にかけま
　す。焦げないように木べらで混ぜながら1分間沸騰させた
　らバットに流し入れ、粗熱をとって冷蔵庫で固めます。

8 5のタルト生地に7を詰めミントを飾ります。

6 かぼちゃは皮つきのままひと口大に切って塩を振り、
　蒸し器で5分ほど蒸します。

7 かぼちゃが熱いうちに皮を薄くむいてフォークの背で
　つぶします。

8 5のタルト生地に7を詰めます。お好みで刻んだアー
　モンドを飾ります。

6 じゃがいもは皮つきのまま半分に切って蒸し器で10分
　蒸します。熱いうちに皮をむいてフォークの背でつぶ
　し、塩を振ってよく混ぜ3等分します。

7 5のタルト生地にじゃがいもを詰め、小さく切った
　お好みの野菜（写真はミニトマト、ブロッコリー）を盛
　りつけます。

29

米粉のおやき

小麦不使用

$20\begin{smallmatrix}\\ \text{min}\end{smallmatrix}$

蒸したさつまいもを使った、小さめサイズのおやき。
レンジよりも蒸し器で蒸したほうが、さつまいもの甘味が引き出されます。
茄子のみそ炒めなどに具を変えて、食事おやつにもアレンジ可能。

Recipe ··

材料 (3個分)

米粉…50g
きび糖…小さじ 1/2
白煎りごま…小さじ 1
蒸し済みのさつまいも
　…(つぶして) 大さじ 3
塩…ひとつまみ
ごま油…小さじ 1
熱湯…60ml

つくりかた

1　皮をむいた蒸し済みのさつまいもに塩を加えてつぶして、餡をつくります。餡は3等分して丸めます。

2　ボウルに米粉、きび糖、白煎りごまを入れ軽くかき混ぜます。菜箸でかき混ぜながら熱湯を加え、粗熱がとれたらよくこねてひとまとめにします。

3　2を3等分し、丸めます A。

4　3を手で少しずつのばして円形にし、それぞれに餡をのせます B。生地の両はじをつけ合わせ、残りの生地をたたみながら餡を包みます C。包んだら、両手で1cmほどの厚みに軽く押しつぶします D。

5　フライパンにごま油をひいて中火で熱し、4を並べます。80mlの水 (分量外) を注ぎ、ふたをして2分ほど蒸し焼きにします。水分がなくなってきたら弱火にして裏返し、80mlの水 (分量外) を注ぎ、ふたをしてさらに2分ほど蒸し焼きにします。

6　水分がなくなったら、両面がパリッとなるまで焼きます。

User's
Voice

おやきがこんなに簡単につくれるなんて。具材を変えて何度も楽しんでいます。

食事をつくるついでに、おやきの具材の下準備もできるのが便利だなと思いました。

Column

教室でおすすめしている食材

基本的に、昔ながらの製法でつくられたもの、質の良いものを選んでいます。紹介している商品のみをおすすめしているわけではなく、教室でも別メーカーのものを使うことがあります。下記の解説を参考に、自分で納得・信頼できるものを選んでください。

❶ 薄力粉　焼き菓子に欠かせないのが薄力粉。国内産の小麦でつくられたものを選んでいます／大地を守る会「薄力粉」（★）❷ 米粉　小麦なしでおやつをつくるなら必須の食材。有機栽培の原料でつくられたものを選んでいます／げんきタウン「有機米粉」 ❸ 本くず粉　一般的なくず粉はデンプンが加えられています。少し高価ですが100％の本くず粉がおすすめです／ムソー「無双本葛」 ❹ メープルシロップ　ポリフェノールを豊富に含む甘味料。有機栽培の原料でつくられたものを選んでいます／むそう商事「有機メープルシロップ」（★）❺ 菜種サラダ油　菜種油の中でも、濃すぎずくせがない菜種サラダ油がおやつづくりにはぴったりです／石橋製油「一番搾り菜種油」（★）❻ 砂糖　砂糖は精製度の低いきび糖がおすすめ。消化吸収が遅く、血糖値の上昇が抑えられます／大地を守る会「大地を守る会の砂糖」（★）❼ ベーキングパウダー　アルミニウムフリーのものを使用。添加物と考え、使用量自体も極力少なめにしています／ラムフォード「ベーキングパウダー　アルミニウムフリー」 ❽ レーズン　有機栽培のものを使用。少しお湯につけてから洗うときれいになり、安心して食べられます／NOVA「有機ドライフルーツ　レーズン」（★）❾ 粉寒天　粉寒天は、水戻しが不要なのですぐに使えて便利です。食物繊維が豊富なのもポイント／かんてんぱぱ「かんてんクック　粉末寒天」 ❿ 塩　素材の良さを引き出すのに役立つ、ミネラルをたくさん含んだ自然海塩を使っています／沖縄海塩研究所「粟國の塩」⓫ ごま　国内産で、農薬・化学肥料不使用のものを使用。良いごまは風味が違います／和田萬商店「白いり胡麻」（★）

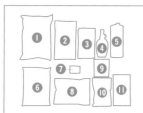

※（★）マークの入手先は大地を守る会。問い合わせ先は 96 ページに記載。

Scone & Sweet Roll

Part **3** Recipe

スコーン他

バナナスコーン

バナナとレーズンの甘味で食べるスコーン。バナナの状態に合わせて、
粉や油を調整するとおいしく焼けます。生地がべたつく時には少し粉をプラス、
まとまらない時には少し油をプラスします。

Recipe ....

材料 (6個分)

薄力粉…75g

ベーキングパウダー
　　…小さじ1/2

バナナ…小 1/2 本 (約 40g)

塩…ひとつまみ

菜種サラダ油…大さじ1

レーズン…小さじ2

つくりかた

1　オーブンを180℃に予熱しておきます。天板サイズに切ったオーブンシートも用意します。

2　レーズンはお湯で洗ってふやかし、しっかりと水気を拭いて細かく刻んでおきます。

3　ボウルに薄力粉とベーキングパウダーを入れてよく混ぜます。

4　別のボウルにバナナを入れてフォークの背でつぶし、菜種サラダ油と塩を加えてよく混ぜ、レーズンを加えます 。

5　4に3を加えてざっくりと混ぜてひとまとめにし  (まとまりにくい時は、菜種サラダ油を手につけてまとめます)、半分に切った生地を重ねて層をつくります 。

6　5を2cmの厚さに押し広げて、長方形に整え、6等分の三角形に切り分けます 。

7　天板に生地をのせ、オーブンで15分ほど焼きます。

User's Voice

オーブンを予熱している間に簡単に生地がつくれるので、何度もリピートしています。

砂糖なしでも十分甘く、子どもたちも喜んで食べていました。朝ごはんにも使えそうです。

かぼちゃスコーン

15 min

カロテン、ビタミンB₁、B₂、Cなどが豊富なかぼちゃをたっぷり使った、
オレンジ色がきれいなスコーン。子どもが持ちやすくかじりやすいように、
小さい三角形の形状にしています。

Recipe

材料 (6個分)

- 薄力粉…100g
- ベーキングパウダー
  ☆ …小さじ1/2
- 塩…ひとつまみ

かぼちゃ…85g

菜種サラダ油
  …大さじ1と1/2

メープルシロップ…小さじ1

つくりかた

1 オーブンを180℃に予熱しておきます。

2 かぼちゃを蒸し器で蒸し、皮をとります。

3 ボウルに☆の材料を入れよく混ぜます 。

4 別のボウルに2を入れ、菜種サラダ油を加えてフォークの背でつぶしながらよく混ぜます。メープルシロップも加えてよく混ぜます 。

5 かぼちゃのボウルに3を入れて混ぜます。ひとまとめにしたら、半分に切った生地を重ねて層をつくります 。

6 5を2cmの厚さに押し広げて、8×14cmほどの長方形に整え、6等分の三角形に切り分けます 。

7 天板にオーブンシートを敷いて生地をのせ、オーブンで20分ほど焼きます。

User's
Voice

計量してから焼くまでがとっても簡単でした。おいしいスコーンが自分で焼けて嬉しい。

夕飯のかぼちゃを蒸したついでにつくりました。バターなしなのにサクッとした仕上がり。

スイートポテト

15 min

小麦不使用

りんごジュースをアクセントにしたスイートポテト。
小さいですが食べ応えがあるので、食いしん坊の子どもも満足します。
翌日食べる時は、オーブントースターで2分ほど温め直しましょう。

Recipe ··

材料 (8個分)

さつまいも…100g
100%りんごジュース…大さじ1
メープルシロップ…小さじ1
塩…ひとつまみ

つくりかた

1 さつまいもは皮つきのまま塩を振り、柔らかくなるまで蒸し器で10分ほど蒸します。熱いうちに皮をむき、フォークの背でつぶします A 。

2 1に100%りんごジュースを加えてよく混ぜ合わせます B 。

3 2を8等分して、円柱形に整えます C 。表面にスプーンでメープルシロップを塗り D 、オーブントースターで5分ほど焼きます（オーブンの場合は、220℃に予熱し3分ほど焼きます）。

User's
Voice

素材の味が感じられるおやつだと思います。息子も喜んで食べてくれました。

りんごジュースのほのかな酸味と、さつまいもの甘みが合いますね。

おから蒸しパン

7⏱ min

みそを効かせた、甘栗とさつまいものおから蒸しパン。
甘栗は皮をむいたものがコンビニでも買える便利な食材で、おやつにも重宝します。
蒸し器は鍋の湯をしっかり沸騰させてから使いましょう。

Recipe ....

材料 (直径 6.5cm のアルミ型 4 個分)

薄力粉…50g
ベーキングパウダー…小さじ1
おからパウダー…小さじ1
みそ…小さじ1 強
きび糖…小さじ1
水…60ml
さつまいも…20g
甘栗…2 個

つくりかた

1 ボウルで薄力粉とベーキングパウダーをよく混ぜます。おからパウダーを加えてさらによく混ぜます。

2 別のボウルにみそときび糖を入れよく混ぜ、水を少しずつ入れて溶きのばします A 。

3 さつまいもは皮つきのまま7mm角に切り、甘栗は4等分に切ります B 。

4 1に2を入れてざっくりと混ぜ合わせます C 。

5 4の半量を型4つに均等に入れます。飾り用を残し(さつまいも4個、甘栗4個)、さつまいもと甘栗を型に入れます D 。残りの4を型4つに流し入れ、飾り用のさつまいもと甘栗を上にのせます。

6 蒸し器に5を入れ、強火で5分ほど蒸します。さらに中火で5分ほど蒸します。

User's
Voice

油を使わない蒸しパン、とてもふわふわでおいしかったです。

料理が苦手な私でもつくれます。蒸しパンとみそが合うのも新たな発見でした。

長いも蒸しパン

12 min

もちもち、ふわふわな食感が魅力の長いも蒸しパン。
メープルシロップとレーズンのやさしい甘さが楽しめます。
すりおろしの人参入りで栄養価も高く、朝ごはんとしてもおすすめ。

Recipe ....

材料 （直径6.5cmのアルミ型4個分）

長いも…40g
人参…25g
レーズン…36粒
薄力粉…60g
ベーキングパウダー…小さじ1
メープルシロップ…大さじ1
水…小さじ2

つくりかた

1　レーズンはお湯で洗ってふやかし、水気を拭いておきます。人参はすりおろします。長いもは皮をむき、変色を防ぐため酢水（分量外）に5分つけてからすりおろします A。

2　すりおろした長いもと人参をボウルに入れ、メープルシロップ、水を加えてよく混ぜます B。

3　薄力粉とベーキングパウダーをよく混ぜ、2に加えてざっくりと混ぜ合わせます C。

4　1のレーズンは飾り用12粒を残し、3に加えて混ぜます。4等分に型に流し入れた後、上にレーズンを3粒ずつ飾ります D。

5　蒸し器に4を入れ、強火で5分ほど蒸します。さらに中火で5分ほど蒸します。

User's
Voice

ほんのりとした甘みにハマってしまいました。もちろん子どもにも好評です。

人参の代わりに、ペーストにしたほうれん草を入れてもおいしかったです。

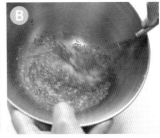

黒ごまきな粉のお麩ラスク

5 🕐 min

焼いて混ぜるだけの、5分でできる和風ラスク。
味のアクセントにもなっているごまは栄養価が高いだけでなく、
アンチエイジング効果があるといわれており、ママにもおすすめの食材です。

Recipe ....

材料 （4人分）

小町麩…20g
菜種サラダ油…大さじ2
きな粉…大さじ2
黒すりごま…大さじ2
きび糖…小さじ2

つくりかた

1 フライパンに菜種サラダ油を入れて、中火で熱します。小町麩を両面こんがり焦げ色がつくまで焼きます A 。

2 ボウルにきな粉、黒すりごま、きび糖を入れてよく混ぜます B 。

3 焼いた小町麩を熱いうちに2に入れてからませます C 。

User's
Voice

つくりかたがとっても簡単でした。1歳の子どもが大好きなおやつです。

お麩がおいしいラスクになるので驚きました。すぐつくれる時短レシピで嬉しいです。

Column

おやつづくりに活躍する道具

おやつづくりに欠かせない道具たちを紹介します。
長く使えるものばかりなので、本当に気に入ったものを選びましょう。

① **蒸し器** おやつだけではなく、日常のごはんにも活用できる優れもの。茹でるのと比べて栄養が逃げないのもポイントです。小さなタイプが使いやすく便利。② **麺棒** 木製で、長さ36〜40cmのものがおやつづくりには最適です。③ **デジタルスケール** おやつをおいしくつくるコツは、正確な計量にあります。アナログタイプだとどうしても誤差が出るのでデジタルスケールを選びましょう。④ **こし器** 本書では和のおやつで活躍。ようかんをつくる時にこし器にかけると、なめらかな仕上がりに。⑤ **計量カップ** 熱湯を量る場合もあるので、耐熱ガラスのものがベスト。⑥ **ボウル** 直径20cmくらいのボウルが2つ以上あると便利です。⑦ **計量スプーン** 計量スプーンは大さじ15ml、小さじ5ml、小さじ1/2(2.5ml)が基本。量る時はきっちり、すりきりいっぱいにしてください。計量スプーンで油を入れる時は、指でしっかりこそげとりましょう。⑧ **ゴムベラ** 大中小があると便利です。混ぜるのはもちろん、生地などを別の容器に無駄なく移せます。⑨ **泡立て器** 本書ではあまり登場しませんが、パンケーキの生地づくりなどで使っています。箸を4本片手で持って、シャカシャカ混ぜることでも代用可能。⑩ **トング** くずきりをつくるときなど、熱いものを持つ時に重宝します。⑪ **木べら** 炒めたり、練ったり、混ぜたりと、おやつづくりでは常に使う道具です。2本あっても便利。

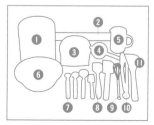

Light Meal

Part **4** Recipe

食事になるおやつ

塩麹クラッカー

塩麹の風味を生かしたクラッカー。

万能調味料であり、腸内環境の改善に役立つ塩麹は市販もされていますが、

自分でも簡単につくれるので、手づくりのものを使うのがおすすめです。

Recipe ···

材料 (20×20cmサイズ1枚分)

薄力粉…60 g

塩麹…小さじ2

菜種サラダ油…小さじ2

水…大さじ1

つくりかた

1 オーブンを170℃に予熱しておきます。天板サイズに切ったオーブンシートも用意します。

2 ボウルに全ての材料を入れて、よく混ぜて細長くまとめますA。

3 生地をオーブンシートを敷いた台の上にのせ、麺棒で1mm以下の薄さにのばし（かなり薄くのばします）、20×20cmほどに整えますB。

4 フォークでまんべんなく穴をあけ、包丁で2×3cmほどの切れ目を軽く入れますC。

5 オーブンシートごと天板に乗せ、オーブンで15分ほど焼きますD。

6 焼いたものを触って、ふわふわしている場合は、追加で2分ほど焼きます。冷めたら、くっついてる部分をパキパキ折ります。

User's
Voice

緑黄色野菜バー

20 🕐 min

子どもが野菜のおいしさに気づくきっかけになればと思って考案したおやつです。
ほうれん草と人参の量自体は少なめですが、
野菜が苦手な子どもでも食べられるように工夫しました。

Recipe ···

材料 (20本分)

薄力粉…80g
人参…20g
ほうれん草…20g
きび糖…小さじ1
塩…ひとつまみ
白煎りごま…小さじ1
菜種サラダ油…大さじ2

つくりかた

1 オーブンを180℃に予熱しておきます。天板サイズに切ったオーブンシートも用意します。

2 人参はすりおろします。ほうれん草は茹でてしっかり絞った後に細かく刻みます ⓐ。

3 ボウルに薄力粉、きび糖、塩を入れてよく混ぜます ⓑ。2の人参とほうれん草、白煎りごまを加えてよく混ぜます（ほうれん草をほぐすようにします）。全体がそぼろ状になったら、菜種サラダ油を加えてひとまとめにします ⓒ。

4 台の上に生地をのせて麺棒で1cmの厚さにのばし、4×20cmほどの長方形に整えます。1cm幅の棒状に包丁で切り ⓓ、1本ずつ丁寧にかたちを整えスティック状にします。

5 天板に生地をのせ、オーブンで15分ほど焼きます。

User's
Voice

色がきれいでおいしいです。おやつにもおつまみにもなるのがいいですね。

野菜がたっぷりのおやつなので、こだわりの有機野菜を使うようにしています。

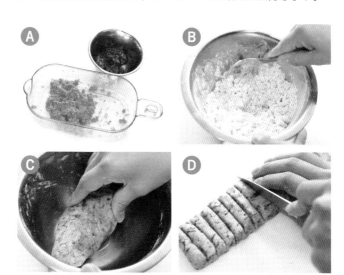

じゃがいもポンデケージョ

もちもちとした食感のポンデケージョに、子どもに人気の食材であるコーンと
枝豆を入れました。できたてが一番おいしいので、食べる直前に焼きましょう。
パパのおつまみにもなります。

Recipe

材料 (8個分)

じゃがいも
　…中1個（約120g）
白玉粉…大さじ2
菜種サラダ油…小さじ2
塩…ひとつまみ
コーン…少々
枝豆（茹でたもの）…少々
水…小さじ2

つくりかた

1　オーブンを180℃に予熱しておきます。天板サイズに
　切ったオーブンシートも用意します。

2　白玉粉のかたまりを袋に入れ、麺棒で袋の上から叩
　いて粉にします🅐。枝豆はさやから取り出してうす
　皮をむきます。

3　じゃがいもを皮つきのまま12分ほど蒸します。熱いう
　ちに皮をむいてボウルに入れ、フォークの背でつぶ
　します🅑。

4　3に白玉粉、菜種サラダ油、塩、水を加えてよく混ぜ
　ます🅒。

5　4を8等分して、生地に隠れるように枝豆、コーンを
　埋め込みながら丸めます🅓。

6　天板にオーブンシートを敷いて生地をのせ、オーブ
　ンで20分ほど焼きます。

User's
Voice

子どもに大好評。中身を
旬の野菜にアレンジして
つくることも多いです。

子どもも主人もお気に入
り。あまり使ったことが
なかった白玉粉が身近に
なりました。

簡単ピザ

20 🕐 min

発酵時間なしのスピード簡単ピザです。
バナナとシナモン、トマトソースとじゃがいもなど、具材のアレンジも自由自在。
生地をこねるところは、お子さんと一緒にやってみましょう。

Recipe ....

材料 (3枚分)

強力粉…50g
オリーブ油…小さじ 2/3
塩…ひとつまみ
水…25ml
お好みの具…適量

つくりかた

1　ボウルに強力粉、オリーブ油、塩を入れて混ぜます。

2　水を少しずつ入れて、なめらかにまとまるまでこねます🅐。生地をラップで包み10分寝かせます🅑。

3　オーブンを250℃に予熱します。天板サイズに切ったオーブンシートも用意します。

4　台の上に生地を3等分しておき、それぞれ直径8cmほどの大きさに丸くのばします。のばした生地をフォークで刺して穴をあけます🅒。

5　4にそれぞれお好みの具をのせます(完成写真は、酢みそ、れんこん、しらす。バナナ、メープルシロップ、シナモンパウダー。トマトソース、じゃがいも、アンチョビ、枝豆の3種)🅓。天板にオーブンシートを敷いてピザ3枚を全てのせ、オーブンで6分ほど焼きます。

User's
Voice

軽食にもぴったりでした。朝ごはんやお昼ごはんに重宝しています。

子どもはバナナとシナモンのピザがお気に入り。いろいろと組み合わせも楽しみたいです。

玄米雑穀ピザ

玄米雑穀ごはんを使ってつくる、おやき風のピザ。
おせんべいのような仕上がりですが、ビタミン、ミネラル、食物繊維などが豊富な
玄米雑穀ごはんに野菜や黒ごまがプラスされて栄養満点です。

Recipe ....

材料 (3枚分)

薄力粉…30g

人参…20g

玄米雑穀ごはん (炊飯済み。
玄米や雑穀米のみでも可)
　…20g

黒煎りごま…小さじ1

塩…ひとつまみ

菜種サラダ油…小さじ2

れんこん…2mmの薄切り3枚

コーン…少々

ピーマン…少々

しょうゆ…少々

つくりかた

1　人参はみじん切りにします。薄切りしたれんこんは
　半分に切ります。ピーマンは繊維と直角に薄切りにし
　ます。

2　ボウルに薄力粉、人参、玄米雑穀ごはん、黒煎りご
　ま、塩、菜種サラダ油を加えてよく練り混ぜ 、ラッ
　プで包み5分ほど寝かせます。

3　れんこんを炒め、塩を振ります 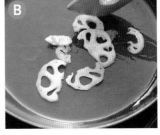。

4　台の上に2の生地を3等分しておき、それぞれ直径
　8cmほどの大きさに丸くのばします。のばしたら、フ
　ライパンを中火から弱火で熱し5分ほど焼きます 。
　裏返してさらに3分焼きます。

5　生地にしょうゆを少量ぬります 。

6　5にれんこんとピーマンをのせ、コーンを飾ります。

User's
Voice

「ピザだ!」と子どもが喜
ぶレシピですが、夫もお
つまみとして密かにハマ
っています。

外側は歯ごたえがありま
すが、中身はもっちり。ご
はんにもなりますね。

3種のケークサレ

20
min

フランス料理の甘くない塩味（サレ）のケーキが、ケークサレです。
豆腐をベースに、雑穀米や野菜を使ってつくります。
紹介しているもの以外にも、お好みの組み合わせを探してみましょう。

3種のケークサレ

Recipe ························

3種共通の材料
(ミニパウンド型3個分 [8×3×3.5cm])

薄力粉…80g
ベーキングパウダー…小さじ2/3

┌ 絹ごし豆腐…40g
│ オリーブ油…大さじ2
☆ きび糖…小さじ2
│ 塩…ひとつまみ
└ 水…大さじ2

つくりかた

1 薄力粉とベーキングパウダーをよく混ぜます。
2 別のボウルに☆の材料を入れよく混ぜます。
3 2に1を入れよく混ぜます。
4 オーブンを180℃に予熱します。

雑穀米とれんこんのケークサレ

材料

雑穀米(炊飯済み)…45g
れんこん…45g　　甘栗…3個
黒煎りごま…少々
塩こしょう…少々

カレーケークサレ

材料

えのき…45g　　ピーマン…45g
コーン…30g　　カレー粉…小さじ1
塩…少々
白煎りごま…少々

野菜ケークサレ

材料

人参…30g
かぼちゃ…60g
玉ねぎ…30g
塩こしょう…少々

5 れんこんと甘栗を粗く刻みます。

6 フライパンにオリーブ油（分量外）を熱し、れんこんと
雑穀米を入れて軽く炒め、塩こしょうを振ります。

7 3の生地に甘栗と6を加えてよく混ぜ、3等分にして型に
入れ、黒煎りごまをちらします。

8 型を10cmほど持ち上げて落として空気を抜き、オーブン
で30分ほど焼きます。

5 えのきは2cmの長さに、ピーマンは5mm角に切ります。フ
ライパンにオリーブ油（分量外）を熱し、えのき、ピーマン、
コーンを軽く炒め、カレー粉、塩を加えて混ぜます。

6 3の生地に5を加えてよく混ぜ、3等分にして型に入れ、
白煎りごまをちらします。

7 型を10cmほど持ち上げて落として空気を抜き、オーブン
で30分ほど焼きます。

5 人参と玉ねぎは粗みじん切りにし、かぼちゃは皮がつい
たまま5mmの薄切りにします。

6 鍋にかぼちゃを並べ、ひたひたの状態まで水（分量外）
を入れ、塩ひとつまみ（分量外）、オリーブ油少々（分量
外）を加えて中火で5分ほど蒸し煮します。フライパン
にオリーブ油（分量外）を熱し、人参と玉ねぎを軽く炒め、
塩こしょうを振ります。かぼちゃが柔らかくなったら水気
を飛ばし火を止め、冷まします。

7 かぼちゃは1.5cm角に切ったものを9つつくり飾り用に
取り分け、残りは刻みます。

8 3の生地に人参、玉ねぎ、かぼちゃ（飾り用以外）を加えて
よく混ぜ、3等分して型に入れ、かぼちゃを飾ります。

9 型を10cmほど持ち上げて落として空気を抜き、オーブン
で30分ほど焼きます。

Column

アレルギーが心配なママへ

卵・乳製品を使わないおやつ講座には、アレルギーのお子さんがいるママや、
アレルギーが心配なママもたくさんいらっしゃいます。

アレルギーを持つ子どもの割合は1999年から2014年で倍以上に（東京都健康安全研究センター）。
また、小さい子どもほど卵・牛乳のアレルギーが多く、
小学5年生までは1位と2位を占めています（厚生労働省調査）。
成長とともに食べられるようになっていくケースが多いのですが、
小さなお子さんほど卵・乳製品の摂取には気をつけなくてはなりません。
アレルギーの症状は、人によって違います。
全身に赤い湿疹ができるイメージが強いですが、
目の充血や軽い湿疹、口のまわりの紅潮もアレルギー症状です。
特にお子さんが小さいうちはよく観察して、なにかを初めて食べさせる時は、
すぐに対応できる昼間にしましょうと教室でもお話しています。

「子どもが生まれるまで仕事ばかりで料理もほとんどしたことがないのに、
アレルギー対策も考えるのはハードルが高すぎる！」
「卵・乳製品なしで暮らすことなんてできますか？」
「アレルギーだとチョコレートケーキなんて無理ですよね？」
ママの中には、こんな質問をされる方もいらっしゃいます。でも、安心してください。

卵・乳製品なし、さらには小麦なしでもおいしいおやつが簡単につくれます。
食事に代用できるものもたくさん。
本書のガトーショコラのように、チョコレートケーキだってつくれます。

お子さんのアレルギーに悩み、真剣に調べて考えて実践し、
笑顔に変わっていったママたちをたくさん見てきて、思ったことがあります。
アレルギーは心配で大変なことだけど、お子さんにとっても、
お子さんのために一生懸命になりすぎて自分のことに取り組めていなかったママにとっても、
料理や生活を見直すいいきっかけになるということです。
どんな環境であっても楽しんで取り組むこと。
おやつづくりがその第一歩になれたらいいなと思っています。

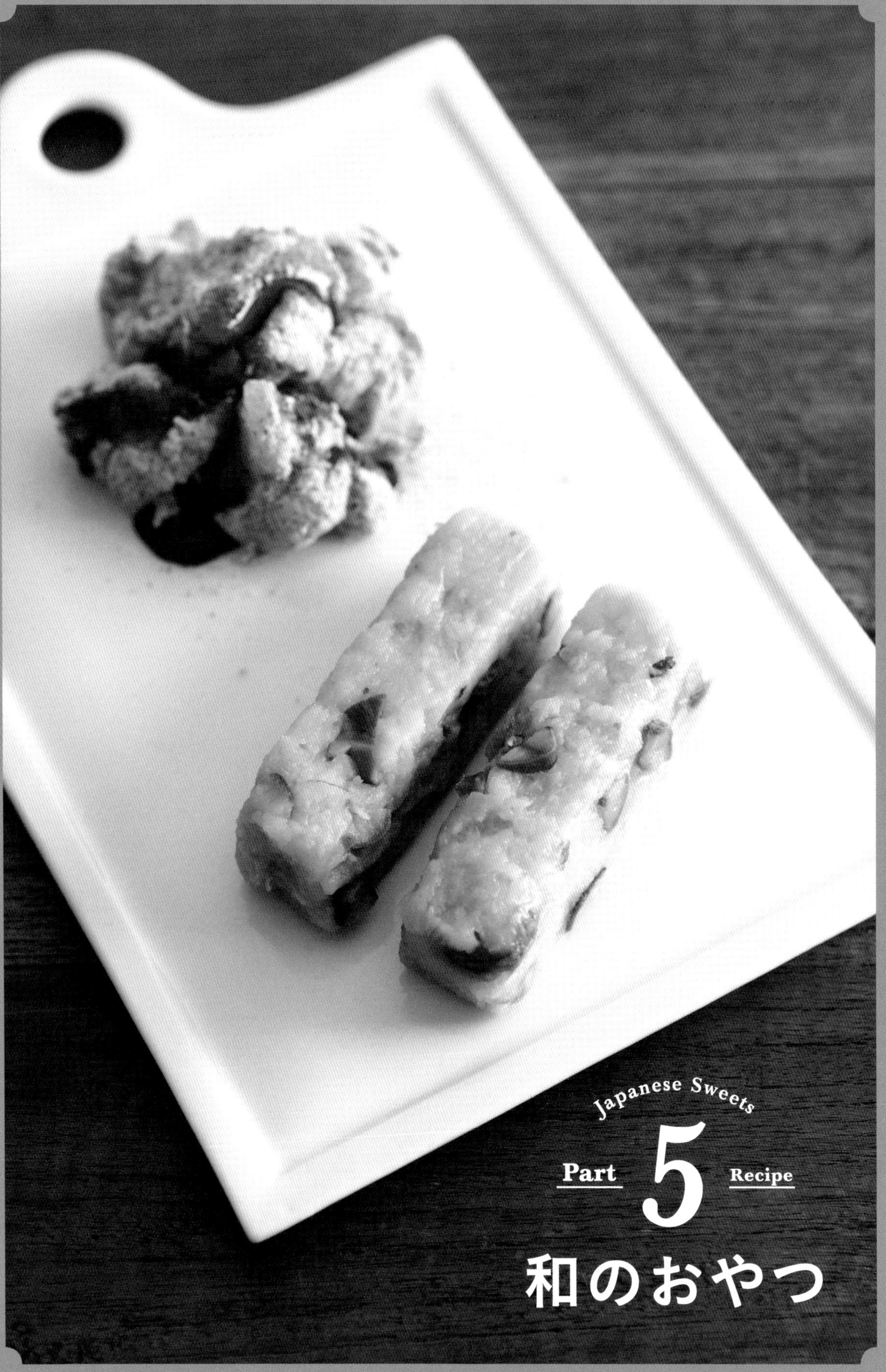

Japanese Sweets

Part 5 Recipe

和のおやつ

豆腐白玉団子

小麦不使用

豆腐と白玉粉のみでつくる団子です。豆腐の分量が多めなのがポイントで、
通常の白玉団子よりも柔らかさが長持ちします。
小さいお子さんは、団子を小さめにカットして食べるようにしてください。

Recipe ···

材料 (12個分)

白玉粉…50g
絹ごし豆腐…65g
┌ しょうゆ…小さじ2
│ きび糖…大さじ1
☆ 片栗粉…小さじ1/2
└ 水…大さじ2強

つくりかた

1　白玉粉に絹ごし豆腐を加えてなめらかになるまで混ぜます **A**（耳たぶほどの硬さにします）。
2　鍋にたっぷりの湯を沸かします。
3　1を細長くのばし12等分して丸め、真ん中をへこませます **B**。
4　沸騰した湯に3を入れます。浮き上がってきてからさらに1分ほど茹で、おたまですくって水を入れたボウルで冷まし **C**、水気を切ってから器に盛ります。
5　☆の材料を小鍋に入れ、中火にかけます。よく混ぜながら沸騰させ、色が透けてきてとろみが出てきたら火を止め **D**、4にかけます。

れんこんソース （☆のソースのおすすめアレンジ）···········

れんこん…30g
昆布…少々
白すりごま…小さじ1
しょうゆ…小さじ1/2
水…70ml

1　れんこんは皮をむき、すりおろして小鍋に入れ、水と刻んだ昆布を入れて火にかけます。とろみが出てきたら1分ほどよくかき混ぜて火を止めます。
2　1に白すりごまとしょうゆを加えます。

フルーツソース （☆のソースのおすすめアレンジ）···········

100%りんごジュース
　…大さじ3
お好みのジャム
　…小さじ1
お好みのフルーツ…少々

1　お好みのフルーツを7mm角に刻みます。
2　刻んだフルーツと100%りんごジュース、お好みのジャムを混ぜ合わせます。

User's Voice

2歳の子どもが相当気に入ったようで、ソースを変えて何度もつくっています。

まだ小さな娘ですが、この団子はペロリと食べてしまいます。パパからも一番人気。

くずもち

$$10 \,{}^{\text{min}}$$

小麦不使用

もちもちでぷるんとした食感が楽しめるくずもち。
スーパーなどで市販されているものとは違い、やさしくすっきりとした味わい。
できたてが一番おいしいので、すぐに食べるのがおすすめです。

Recipe ....

材料 (4 人分)

本くず粉…30g

きな粉…適量

水…200ml

┌ 黒砂糖…大さじ 2
☆ きび糖…小さじ 2
└ 水…40ml

つくりかた

1 ☆の材料を小鍋に入れ、熱しながら混ぜて黒蜜をつくり A 、容器にあけます。

2 別の鍋に本くず粉と水を入れて混ぜます B 。

3 2を中火にかけて木べらで混ぜ続けます。粘りが出てきたら弱火にし、しっかりと練り混ぜ半透明になったら火を止めます C 。

4 バットにきな粉を敷き、粗熱をとった3を流し入れます。きな粉をよくまぶし、スプーンでひと口大に切り分けます D 。

5 4を器に盛り、黒蜜をかけます。

User's
Voice

先日、主人も挑戦。普段料理をしない主人でも、上手につくることができました。

鍋をかき混ぜ続けるだけでできるのがいいですね。冷やして食べるのがおいしいです。

くずまんじゅう

30 ⏲ min

小麦不使用

子どもが大好きなさつまいもとりんごをベースにした、さっぱりとした味わいの
くずまんじゅう。本格的な和菓子と思われていますが、実は簡単につくれるので、
おもてなしにもぴったりです。

Recipe

材料 (5個分)

本くず粉…30g
100％りんごジュース…100ml
さつまいも…70g
りんご…1/8個
メープルシロップ…小さじ1

つくりかた

1 ラップを5枚、15×15cmの大きさに切っておきます。ラップの留め具として、アルミホイルを丸めて10cmほどの紐状にしたものを5個つくっておきます（ビニールタイがあればベストです）。

2 さつまいもは皮つきのまま2cmほどの厚さに切り、塩（分量外）を少々振り、蒸し器で10分蒸します。熱いうちに皮をむいてフォークの背でつぶします。

3 りんごは皮と芯を取り除いて3mmほどのみじん切りにした後、塩水にさらし、ペーパーで水気を拭きます。

4 2と3にメープルシロップを加えて混ぜ、5等分してから丸めます。

5 鍋に本くず粉と100％りんごジュースを入れ、くずをつぶしながらかき混ぜた後、弱火にかけて木べらで練ります。鍋底に固まりが少しずつできてきたら、3分ほど混ぜて火を止めます。火を止めたらさらに練ります Ⓐ。粗熱をとって5等分します。

6 5をラップの上にのせ、指に水をつけながら丸く均等に広げます Ⓑ。その上に4をのせ、包みながらラップも丸めます。丸めたラップをねじって巾着型にし、紐状にしたアルミホイルで口をしぼります Ⓒ。

7 蒸し器に6を並べて7分ほど蒸します。蒸したらラップごと取り出し、そのまま水につけて冷やします Ⓓ。冷えたらラップを丁寧にはがします。

User's Voice

はじめてつくった本格和菓子ですが、自分でも簡単にできて嬉しかったです。

くずきり

小麦不使用

くずもちと似たような材料なのに、ガラリと変わった食感が楽しめるくずきり。
小さなバットと大鍋があれば簡単につくれます。
くずの色の変化など、実験のような工程も面白いです。

Recipe

材料 (4人分)

本くず粉…50g

水…150ml

☆
┌ 黒砂糖…大さじ2
│ きび糖…小さじ2
└ 水…40ml

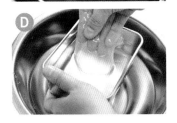

つくりかた

1. ☆の材料を小鍋に入れ、熱しながら混ぜて黒蜜をつくり、容器にあけます。
2. ボウルに本くず粉を入れ、水を少しずつ加えながら泡立て器でよく混ぜ、こし器(なければざるでも可)でこします。
3. 大鍋にたっぷりの湯を沸かします(バットが入る大きさのもの)。
4. 小さめのバット(10×12×5cmほど)を水にくぐらせてから(きれいにはがしやすくなります)、2をおたま小1杯分流し入れます。トングで掴み、厚みが均一になるように揺らしながら湯せんします。
5. くずの表面が動かなくなったら、バットごと静かに熱湯の中に沈めます。全体がすっきり透明になったら、熱湯は鍋に戻しながらバットを引き上げます。
6. 水をはったボウルにバットを入れて、まわりから指を入れてくずをはがし、ぬらしたまな板に置いておきます。4～6の作業を繰り返します。
7. くずを2cm幅に切ります(くずは弾力が強いので、包丁で上から押さえつけるようにして切ります)。
8. 7を氷水で冷やし、器に入れて黒蜜をかけます。

User's Voice

くずきりはこうやって手づくりするんですね。食感がたまりません。

くずの色が変わっていく様子が楽しいようで、子どもたちが興味しんしんでした。

さつまいものようかん

本くず粉でつくる、柔らかくぷるんとした食感のようかん。
そのぶん崩れやすいので、型からはずしたらすぐ食べるようにしましょう。
ようかん専用の容器がなくてもつくることができます。

Recipe ···

材料 (6 切れ分)

さつまいも…120g
甘栗…3 個
本くず粉…10g
きび糖…大さじ 1
水…100ml
塩…少々

User's
Voice

常備菜づくりでさつまい
もを蒸すことが多いの
で、ついでにようかんも
つくっています。

昔ながらのおやつという
感じが好きです。簡単で
失敗知らずなのもいいと
ころ。

つくりかた

1 さつまいもは皮つきのまま2cm幅に切って塩を振り、
蒸し器で10分蒸し、皮をむきます。甘栗は粗く刻み
ます。

2 ボウルにさつまいもを入れてフォークの背でつぶし
Ⓐ、なめらかにします。

3 小鍋に本くず粉と水を入れ、くずが溶けたらきび糖
を加えて混ぜます。

4 3を木べらで混ぜながら中火で熱し、とろみがつい
てきたら弱火にしますⒷ。上下を入れ替えるように
混ぜながら (固まりそうな時は火からおろします)、
さらに2分ほど熱します。

5 4にさつまいもを加えてよく混ぜてから甘栗を入れ、
粗熱をとります。ぬらした容器に入れて平らに整え
たらⒸ、冷蔵庫で冷やします。

6 固まったら、ぬらした手で型からはずします (取りづ
らい時は端にナイフを入れてはずします)。

Ⓐ

Ⓑ

Ⓒ

かぼちゃのようかん

20 min

さつまいもとはまた違った甘みが味わえる、かぼちゃのようかん。
同じく崩れやすいので、型からはずしたらすぐ食べるようにしましょう。
本くず粉の扱いに慣れてくれば、ささっとつくれます。

Recipe ....

材料 (6切れ分)

かぼちゃ…120g

本くず粉…10g

きび糖…小さじ2強

水…100ml

塩…少々

つくりかた

1 かぼちゃは皮つきのまま3cm幅に切って塩を振り、蒸し器で10分ほど蒸します。蒸したら皮をむきフォークの背でつぶします Ⓐ。

2 小鍋に本くず粉と水を入れ、くずが溶けたらきび糖を加えて混ぜます。

3 2を木べらで混ぜながら中火で熱し、とろみがついてきたら弱火にします Ⓑ。上下を入れ替えるように混ぜながら（固まりそうな時は火からおろします）、さらに2分ほど熱します。

4 かぼちゃを加えてよく混ぜて、粗熱をとります。ぬらした容器に入れて平らに整えて Ⓒ、冷蔵庫で冷やします。

5 固まったら、ぬらした手で型からはずします Ⓓ（取りづらい時は端にナイフを入れてはずします）。

User's
Voice

ハロウィンでは、かぼちゃの皮で顔をつくって食べました。子どもも大喜びです。

冷蔵庫に入れておいたら、子どもがペロリと食べてしまいました。またつくります。

Column

よくあるQ&A

教室でママたちからよく質問される項目をまとめました。
おやつづくりの参考にしてください。

Q 薄力粉は米粉で代用できると聞いたことがあります。レシピの薄力粉を米粉に変えても大丈夫でしょうか？

A 完全には代用できません
薄力粉（小麦粉）にはグルテンという張力と粘性を持つタンパク質が含まれています。そのため、小麦粉はさまざまな加工に向きますが、米粉にはグルテンが含まれていないので、完全な代用は難しいです。基本的にはレシピ通りにつくることをおすすめします。

Q 寒天をゼラチンに変えておやつをつくりたいのですが、同じ分量で置き換えればいいでしょうか？

A 粉寒天1gをゼラチン3gに
粉寒天はしっかり沸騰させて煮ないと溶けませんが、ゼラチンは70〜80℃のお湯でも溶けます。代用する場合は、粉寒天1g＝ゼラチン3gにしてください。ゼラチンは動物性と考え、教室では粉寒天をおすすめしています。

Q うちの子どもは野菜が大の苦手。おやつにして食べさせたいと思っています。どのおやつから食べさせるのがおすすめでしょうか？

A 緑黄色野菜バーがおすすめ
野菜をたくさんおやつから摂取するのはなかなか難しいですが、おすすめは緑黄色野菜バーです。食べやすく、野菜嫌いが改善するきっかけになったお子さんもたくさんいらっしゃいます。

Q 焼き菓子で時間通りにオーブンで焼いて、いまひとつ焼き色が弱い時はどのくらい追加で焼けばいいでしょうか？

A きつね色を目安に焼き時間を追加
オーブンの温度を10℃上げて、きつね色になるまで2〜3分ずつ様子を見ながらさらに焼きましょう。

Q 日によって、生地がうまくまとまらない時があります。こんな時はどうしたらいいでしょうか？

A 水や油を少しずつ足しましょう
材料の状態や天候、つくるひとの体調や体温などで、うまくまとまらない場合があります。そんな時は、手のひらに少しずつ水か油を足して、ひとつにまとめます。

Q 子どもが小麦アレルギーなのですが、小麦なしのおやつはどれくらいありますか？

A 小麦なしおやつは意外に豊富
本書のおやつは全て卵・乳製品を使わないものですが、半数は小麦も不使用です。米粉、くず粉、粉寒天を使ってさまざまなおやつを楽しむことができるのでご安心ください。本書内では目印に小麦不使用マークをつけています。

Q 子どもと一緒におやつをつくる時の注意点やコツはありますか？

A 思わぬハプニングも一緒に楽しんで
最初はお子さんがしたいこと、できそうなことから少しずつ始めましょう。多少まわりが汚れても、予想外なことがあってもイライラせずに、トラブルも一緒に楽しみましょう。完成したら「できたね！ ありがとう！」を忘れずに。

Jelly & Mousse

Part **6** Recipe

ゼリー他

お好みフルーツゼリー

7 min
小麦不使用

レモン汁の入った寒天でさっぱりいただくゼリー。

旬のフルーツや、お子さんの好きなフルーツを使ってつくりましょう。

仕上がりもかわいいので、おもてなし用のおやつとしても活躍してくれます。

Recipe ···

材料 (4人分)

粉寒天…4g

水…550ml

レモン汁…大さじ２強

お好みのフルーツ…少々

メープルシロップ…適量

つくりかた

1　鍋に粉寒天と水を入れて混ぜます Ⓐ。鍋を火にかけ、焦げないように木べらで混ぜながら2分間ほど沸騰させた後、火を止めます。

2　1にレモン汁を入れ、ぬらしたバットに流し入れて、冷蔵庫で冷やして固めます。

3　お好みのフルーツを1cm角に切ります Ⓑ。固まった寒天も同じく1cm角に切ります Ⓒ。

4　器に寒天とフルーツを盛り、メープルシロップをかけ、お好みでミントを乗せます。

User's
Voice

レモン寒天がさっぱりしていておいしい。子どものお友達にもよく出しています。

アレンジしやすいのがいいですね。子どもも今日は何のフルーツかと楽しみにしています。

かぼちゃプリン

17 min 🕐

小麦不使用

本くず粉とかぼちゃでつくる簡単プリン。
素材の味を出すことを追求したら、こんなにシンプルなレシピになりました。
上からかけるメープルシロップだけで、プリンの甘みを感じられます。

Recipe ···

材料 (直径7cmの器4個分)

かぼちゃ…120g
本くず粉…10g
水…100ml
メープルシロップ…適量
塩…少々

つくりかた

1 かぼちゃは皮つきのまま3cm幅に切って塩を振り、蒸し器で10分ほど蒸します。蒸したら皮をむき、ボウルに入れてフォークの背でつぶします Ⓐ。

2 鍋に本くず粉と水を入れ、くずを溶かします。木べらで混ぜながら中火で熱し、とろみがついてきたら弱火にします Ⓑ。上下を入れ替えるように混ぜながら（固まりそうな時は火からおろします）、さらに2分ほど熱します。

3 2にかぼちゃを加えてよく混ぜ、ぬらした容器に入れて平らに整え Ⓒ、冷蔵庫で冷やします。

4 食べる直前にメープルシロップをかけます。

User's
Voice

かぼちゃは子どもも大好き。プリンにすると食べやすくていいですね。

メープルシロップをかけるだけでリッチな仕上がりに。なめらかな食感にハマっています。

いちご豆乳ムース

$7\,\underset{\text{min}}{\bigcirc}$

小麦不使用

豆乳が苦手な子どもでもおいしく食べられる、教室の人気メニュー。
ムースの食感を寒天で出しています。豆腐と豆乳入りなので、
良質なタンパク質を手軽にとることができます。

Recipe ···

材料 (直径7cmの器5個分)

いちご…150g
絹ごし豆腐…100g
豆乳…100ml
粉寒天…2g
メープルシロップ…大さじ2
水…50ml

つくりかた

1 いちごは、へたをつけたまま半分にカットした飾り
   用を5つ(いちご2個半)、別にしておきます。その他
   はへたをとります。絹ごし豆腐はざるにあげて水切り
   します。

2 鍋に粉寒天と水を入れ、火にかけよく溶かします。焦
   げないように木べらで混ぜながら沸騰させた後、さ
   らに混ぜながら弱火で2分ほど熱します Ⓐ。

3 2に豆腐と豆乳を加え、豆腐を崩しながら混ぜます。
   飾り用以外のいちごも入れ、湯気が出て来たら火を
   止めて混ぜます Ⓑ。

4 3とメープルシロップを、ミキサーで攪拌します Ⓒ。

5 水でぬらした器に4を流し入れ Ⓓ、冷蔵庫で冷やし
   ます。

6 食べる直前にいちごを飾ります。

User's
Voice

材料が全然違うのにムー
スのような食感が出せる
ことにびっくりしました。

自然な甘みが気に入って
います。つくりかたもとっ
ても簡単でした。

オレンジくずゼリー

本くず粉を使うことで、寒天よりもねっとりとした食感が楽しめます。
ジュースの使用量が多いので、オレンジジュースは濃縮還元タイプではなく、
自然な味わいのストレートタイプがおすすめ。

Recipe

材料 (4人分)

100％オレンジジュース
　…400ml
本くず粉…30g
塩…ふたつまみ
レモン汁…少々

つくりかた

1　鍋に100％オレンジジュースと本くず粉と塩を入れ、くずをつぶしながらかき混ぜます Ⓐ。

2　1を木べらで混ぜながら弱火にかけます。鍋底に固まりが少しずつでき始めたらさらに2分ほど混ぜながら熱し、火を止めます Ⓑ。

3　バットをぬらし、2を流し入れます Ⓒ。粗熱がとれたら、冷蔵庫で冷やします。

4　食べる直前に器に盛り、レモン汁をかけます。

User's Voice

このレシピがきっかけで、ストレートのオレンジジュースを買うようになりました。

くずを使うとムースのような食感になるんですね。ゼラチンや寒天とも全然違います。

りんごゼリー

小麦不使用

$5\text{ }\underset{\text{min}}{\bigcirc}$

これ以上に簡単なゼリーは他にないというくらいシンプルなレシピですが、
さっぱりとしていてお気に入りの一品。仕上げにりんごジュースを注ぐところは、
特別感があるようで子どもたちにも好評です。

Recipe ·····

材料 <small>(直径 7cm の器 5 個分)</small>

100%りんごジュース
　…200ml
粉寒天…2g
塩…少々
水…120ml

つくりかた

1　鍋に粉寒天と水を入れてふやかします🅐。

2　1を弱火にかけ、焦げないように木べらで混ぜながら2分ほど沸騰させた後、100%りんごジュースと塩を加えてかき混ぜ、火を止めます🅑。ぬらした器に流し入れ🅒、粗熱がとれたら冷蔵庫で冷やして固めます。

3　食べる直前に、100%りんごジュース(分量外)を上から少々注ぎます。

User's Voice

寒天ならではの歯ごたえがあって、家族みんなが大好きなゼリーです。

シンプルなのにおいしい。子どもふたりがあっという間に完食でした。

トマトゼリー

小麦不使用

12 ⏱ min

トマトの赤色が鮮やかなゼリー。野菜を手軽にとることができます。
2段階にわけて寒天を固めて、枝豆、きゅうり、オクラを
うまく分散して入れるときれいに仕上がります。

Recipe ....

材料 (直径7cmの器5個分)

トマト…1個 (約150g)
粉寒天…1g
レモン汁…少々
塩…ふたつまみ
オクラ…1本
枝豆 (茹でたもの) …適量
きゅうり…適量
バジル…少々
水…200ml

つくりかた

1 トマトは湯むきし5mm角に切り、オクラは茹でて薄切りに、きゅうりは細かく刻みます🅐。枝豆はさやから取り出し、うす皮をむきます。

2 ぬらした器それぞれに、枝豆ときゅうりを少々入れます (後で入れる分は残します) 🅑。

3 鍋にトマトを入れて中火にかけ1分ほど熱します🅒。水と粉寒天を加えて、焦がさないようにかき混ぜながら沸騰させたら、弱火にしてさらに2分ほどかき混ぜながら熱します。

4 火を止め、レモン汁と塩を加えてよくかき混ぜます。

5 粗熱をとった4の半量を2の器に流し入れます。冷蔵庫で冷やし、固まったら、残りの枝豆、きゅうりとオクラを入れて、残りの4を流し入れます🅓。

6 再度冷蔵庫で固め、食べる直前にバジルを飾ります。

User's
Voice

夏にぴったりのゼリーですね。おやつで野菜不足を解消できるのも嬉しいです。

トマトの色がかわいい。味もさっぱりしていておいしかったです。

人参ゼリー

17 🕐
min

小麦不使用

人参が苦手なお子さんでも食べやすいように、りんごジュースを加えたゼリー。
人参は皮の部分にも栄養がたくさん詰まっているため、
皮つきのまま蒸してミキサーにかけましょう。

Recipe ···

材料 (直径 7cm の器 5 個分)

人参…50g
100％りんごジュース…200ml
粉寒天…2g
メープルシロップ…小さじ 2
レモン汁…小さじ 2
塩…少々
水…100ml

つくりかた

1 人参は皮つきのまま塩をひとつまみ振り、10分ほど
蒸したら、粗熱をとります。100％りんごジュース半量
（100ml）と人参をミキサーにかけ、ピューレ状にし
ます🅐。

2 鍋に水を入れてから粉寒天を振り入れ、焦がさない
ように混ぜながら火にかけて煮溶かします。沸騰し
たら弱火にしてメープルシロップを加え、鍋底からか
き混ぜながらさらに2分ほど熱します。

3 2に1と残りの100％りんごジュースを加え、さっと加
熱してから火を止め、レモン汁を加えて混ぜます🅑。

4 ぬらした器に流し🅒、冷蔵庫で冷やして固めます。

User's
Voice

甘すぎないので、子ども
にも安心して食べさせら
れるゼリーだと思いまし
た。

少ない材料で簡単につく
れるので、夏の定番おや
つとして活躍しています。

手づくりおやつの自己分析シート

私の料理教室では普段の食事について書き出していただき、自分や家族の食の状況を整理する時間を設けています。今回はそのおやつ版をご用意しました。

1	おやつにはどんなイメージがありますか。近いものを選んでください。 **楽しみ／甘いもの／補食／その他（　　　　　　　　　　　　　　）**
2	おやつについての悩みはありますか。近いものを選んでください。 **甘すぎる／油が多い／食べ過ぎる／その他（　　　　　　　　　　）**
3	お子さんが現在よく食べているおやつを3つ書いてください。 **（　　　　　　　　）（　　　　　　　　　）（　　　　　　　　）**
4	週に手づくりおやつを出す回数と、市販と手づくりの割合を書いてください。 **週（　　）回／市販：手づくり（　　：　　）**
5	市販と手づくりおやつの割合は、どれくらいにするのが理想だと思いますか。 **市販：手づくり（　　：　　）**
6	おやつづくりについて、近いものを選んでください。 **好きでよくつくる／好きだがつくる機会が少ない／苦手だけどつくりたい／ ほとんどつくったことがない**
7	手づくりの定番おやつがあれば書いてください。 **（　　　　　　　　　　　　　　　　　　　　　　　　　　　　　　）**
8	アレルギーで使えない食材や、その他の理由で使いたくない食材があれば書いてください。 **（　　　　　　　　　　　　　　　　　　　　　　　　　　　　　　）**
9	お子さんに食べさせたい理想のおやつを書いてください。 **（　　　　　　　　　　　　　　　　　　　　　　　　　　　　　　）**
10	つくったことのあるおやつに〇、作ってみたいものに◎を書いてください。 **クッキー（　　）／寒天ゼリー（　　）／くず粉のようかん（　　）／ 蒸しパン（　　）／パウンドケーキ（　　）／ケークサレ（　　）**

自己分析シートの解説

【1】おやつのイメージ

おやつのイメージは、育ってきた環境に影響を受けることがほとんどです。どれが正解というわけではありません。本来おやつは食事を補う「補食」であると認識することが大切です。そうすれば自然と、甘いものだけがおやつという感覚もなくなってきます。おやつが「補食」になり、「楽しみ」にもなればベストですね。

【2】おやつの悩み

市販品は砂糖や油がたくさん入っているものが多いです。手づくりなら砂糖を減らしたり、油を最低限にしたりと量を調節しておやつを楽しめます。市販品を出す場合は、袋ごと出すことはせずに、少なめの量を1回分としてお皿に持って出しましょう。これなら、おかわりのリクエストがあっても食べ過ぎを防げます。

【3】よく食べているおやつ

お子さんがよく食べているおやつや好きなおやつは、原材料も含めて把握しておきましょう。よく食べているもので子どもの味覚はつくられます。

【4】【5】手づくりおやつの割合

できれば、手づくりおやつの割合は半分以上を目指してほしいと思います。それまでまったくおやつをつくったことがなく、週1回つくることを目標にしていたら、気づけば半分以上になっていたというママもたくさんいらっしゃいます。割合が少ない方は、2週間に1回手づくりすることから始めましょう。

【6】手づくりおやつの習慣化

おやつはつくればつくるほど手早くできるようになり、素材による味の変化もわかるようになります。苦手意識のある方は、バナナケーキなど簡単なおやつからつくってみましょう。

【7】定番の手づくりおやつ

手づくりおやつの中で、お子さんからリクエストの多い定番メニューが生まれると、モチベーションが高まります。本書の写真を一緒に見ながら、お子さんが気になったものをつくってあげるのもいいでしょう。本書のレシピから、お子さんの定番おやつが生まれてくれたら本当に嬉しいです。

【8】使えない、使いたくない食材について

卵・乳製品はもちろん、小麦を使わなくてもおいしいおやつはつくれます。教室にはアレルギーを持つお子さんがいるママもたくさんいらっしゃいますが、みなさんお子さんと一緒に手づくりおやつを楽しんでいます。

【9】理想的なおやつ

お子さんにも好みがありますから、ママの理想のおやつと必ずしも一致しない場合があります。でも、ママにとっての理想のおやつを明確にしておけば、おやつを選ぶ際の基準をつくることができます。

【10】おやつづくりの難易度

もしおやつを何もつくったことがなかったら、クッキーやパウンドケーキから始めると失敗も少ないのでおすすめです。本書は簡単なレシピばかりですが、次いで寒天ゼリー、ケークサレ、くず粉ようかん、最後に蒸しパンとつくっていくのが王道のステップでしょうか。とはいえ、あまり気にせずに、手元に材料があるものや好きなおやつからつくっていただけたらと思います。

おわりに

最後までお読みいただき、ありがとうございます。本書で紹介するおやつは、作りたいと思ったときにすぐできるように、身近な材料でつくることができるレシピになっています。

できるだけシンプルなレシピを考え続けた日々を本当に懐かしく思います。教室を開講してからずっと取り組んできている、「毎日のごはんの大切さ」を伝えること。

毎日のごはんからしあわせを見つけることができたら 365日しあわせになることができる。しあわせは素朴で案外すぐそこにあるもの。それをずっと伝えていくそんな教室でありたいと思っています。

今年からオンライン料理教室が増え、全国どこからでも受講いただけるようになりました。食の大切さを一緒に伝えている熱い本部スタッフや認定講師とともに たのしいひとときとなるようお届けしていますので、ぜひいらしてくださいね。

本書リニューアルにあたり、たくさんご尽力くださった辰巳出版の編集の小林さん、ありがとうございます！　本を通して、たくさんの方に伝えられる機会をいただけていること幸せに思います。最後に食の未来に向かって、一緒に燃えてくれている教室のスタッフ、毎日を支えてくれている夫、両親、子どもたちに感謝をこめて。いつもありがとう！

2020 年 8 月　菅野のな

菅野のな（すがの・のな）

オーガニック料理教室「ワクワクワーク」代表。1979 年生まれ。モンテッソーリ教育系幼稚園出身。ミュージシャンで自由人の父と、病院勤務の管理栄養士で東洋医学を実践する母により、有機農家支援、家庭菜園や自然療法を身近に感じて育つ。神奈川県立横浜緑ヶ丘高校、東京造形大学デザイン学科卒業後、IT ベンチャー企業に入社するも、連日のハードワークで体調を崩し、食と健康の大切さを再認識。2007 年、母とともに「ワクワクワーク」を設立。これまで延べ 5,676 名（2020 年 7 月時点）が教室に参加している。教室運営の傍ら、「朝日新聞デジタル」でのおやつレシピ連載、「大地を守る会」協賛セミナー開催、「Oisix」へのレシピ提供、「湘南ゼミナール」サイトでのコラム執筆、朝日新聞デジタル＆ W にて「卵乳製品を使用しないおやつ」の web 連載、料理教室講師の育成、オーガニック商品の開発支援、企業や学校、教育機関などでの講義講演・研修、よっといてマルシェや農家さんとの共同プロジェクトなど、食とオーガニック、コミュニティを軸に多岐に渡り活動。『毎日のごはんから私のしあわせをみつける。』ことをモットーに、幼児〜大人向けクラス、講師養成講座、持続可能な食への取り組みにも力を入れている。2019 年 10 月には、これまでの取り組みが認められ神奈川県「かながわSDGs パートナー」として登録された。自身も 2 児のママとして子育てと仕事の両立に奮闘中。著書に『子どもと食べたい時短おやつ』（辰巳出版）『子どもと食べたい常備菜入門』（辰巳出版）『卵・乳製品なしでもおいしい　今日も手作りおやつをひとつ。』（朝日新聞出版）『ていねいな時短ごはん』（学研プラス）『はじめての常備菜』（辰巳出版）がある。

本文デザイン	山田益弘
	小林亮
カバーデザイン &DTP	大森由美（ニコ）
撮影	安岡花野子
	中沢恵理（P94-96）
編集	クラウドブックス株式会社
編集協力	荒井直子
企画協力	古屋荘太（本の企画）
レシピ総合監修	松波苗美（管理栄養士）
調理アシスタント	三浦さやか
スタイリング	河合真由子
スタイリングアシスタント	宮沢史絵
食材提供	オイシックス・ラ・大地株式会社「大地を守る会」
	TEL:0120-158-183
	http://takuhai.daichi-m.co.jp/
器協力	UTUWA　TEL:03-6447-0070
	VISION GLASS

本書は、2015 年12 月に弊社より刊行された「子どもと食べたい時短おやつ」をもとに再編集したものです。

みんなで食べたい時短おやつ

2020 年 9 月 1 日初版第 1 刷発行

著　者	菅野のな
発行者	廣瀬和二
発行所	辰巳出版株式会社
	〒160-0022
	東京都新宿区新宿 2-15-14 辰巳ビル
	TEL:03-5360-8064（販売部）
	TEL:03-5360-8093（編集部）
	http://www.tg-net.co.jp/
印刷所	三共グラフィック株式会社
製本所	株式会社セイコーバインダリー